너무 예쁜, 개같은

너무
예쁜,
□
개같은

시인수첩 시인선 051

최보윤 시집

여우난골

| 시인의 말 |

마음의 본질은 변하는 것. 그러니
진심이 어찌 변하느냐 묻는 건 어리석었다

2021년 10월
최보윤

| 차 례 |

시인의 말 · 5

1부 | 묻는다 모든 눈물은 가치가 있는가

너무 예쁜, 개같은 · 13

개 세요? · 14

답신 — from. 26LATHER 4UNIT SOUTHPORT QLD · 16

여름 아이 · 20

모전여전 — 화해의 아침 · 22

그린란드 · 24

화양연화(花樣年華) · 26

낙서 · 28

화우동산(花雨東山) · 29

피안도(彼岸島) · 30

진화하는 계절 · 32

꽃이리 · 33

새가 있는 풍경 — 4·16 광화문에서 · 34

밤엔 모든 눈이 아프다 · 36

시인이 눈을 감으면 · 38

발은 왜 · 39

너무 예쁜, 개같은 2 · 40

바깥 · 42

2부 | 살려면 많은 농담이 필요하다

농담이 살아진다 · 45

슬기로운 생활 · 46

팝송을 부르며 된장을 · 48

1995년, 철수와 영희 — 오래된 약속 · 50

내 꿈은 컬러꿈 · 51

서정시 · 52

보고 싶은 것들만 헤어진다 · 53

고고와 함께한 저녁 · 54

사(思)의 찬미 · 56

바닥 · 58

고양이는 왜 꽃잎을 뜯어먹고 우는가 · 59

시조를 읽으시나요 · 60

필사하는 밤 · 61

풍경 소리 · 62

계절시 · 63

그림의 제목은 겨울나무 · 64

아몬드 나무 · 65

3부 | 생이란 매일 그 예보에 실패하는 법이라네

돌들은 재의 꿈을 · 69

낙원의 밤 · 70

유배 · 73

너무 예쁜, 개같은 3 · 74

티티 타 —언니의 발견 · 76

장산범 · 78

버전(version) · 80

베개 · 82

랄라 · 84

펠리컨 · 86

거짓 화해의 세계 ─ 불길한 개들에 대한 빈 시 · 88

길라와 아름다운 폐허 · 90

개와 여름 · 92

밤엔 모든 눈이 아프다 2 · 93

몹시 지쳐 아름다운 것들만이 · 94

j · 96

어쩌면 배우였던 작가의 사생활 · 98

괜찮아, 안 죽어 ─ 길라가 랄라에게 · 100

우연한 길 위에서 · 101

해설 | 임지훈(문학평론가)
밤의 숲에서 우리가 본 것은 · 103

1부

묻는다 모든 눈물은 가치가 있는가

너무 예쁜, 개같은

봄 맞고
꽃머리
한 바가지 쏟았다

고통의 견적 없음
그리움의 맥락 없음

묻는다
모든 눈물은
가치가 있는가

개 세요?

고통은 촌스럽다
너무 촌스러 어이가 없다

행복에는 한계가 있지만 고통에는 한계가 없다는 것, 인간으로 태어난 최대의 약점이지 삶이 왜 고통으로 확대해석 되는지 알 수 없다 괴로울 때 괴로움을 이겨 낼 방법은 도저히 없었다는 걸 기억해 보자 괴로움에게 복종하자 어떻게 해야 강해질 수 있을까 어디에 목을 매달아야 하나 아니 왜 삶은 내게 자꾸 개 목줄을 채우는가 차라리 주인만 사랑하는 개새끼로 태어날 걸 이 삶의 주인 없음 고통의 정처 없음 나를 필사하고 나를 표절하는 아침 날마다 의미 없음과 의미 있음을 점친다 잘 울지 못한다는 것에 대해 생각해 보는 나이가 되었다 방 안에서 본 적 없는 식물과 동물의 이름을 알 수 있다 이 시대에 태어났다고 해서 이 시대의 모든 것이 당연하게 여겨지진 않는다 본 적 없는 시대를 그리워하는 것은 서정의 새로운 유행인가 새로운 서정의 노스탤지어인가 쉽게 묻고 올 수 없다 사랑할 것들이 있기에 견디는 삶-그

것이 정말 최선일까 언제나 최선일 것-그렇다고 하는 너를 나는 질투하는가 네가 행복하다면 다 좋은가 그렇다고 말하고 싶다 그렇다고 말하고 즉사하고 싶은 나-맞고 사는 개처럼 약해빠진 나 이런 나를 어떻게 복종시킬까 **행복에는 한계가 있지만 고통에는 한계가 없다는 것** 엎드려 쓰는 이 문장에 속았다고 하지 말자 모두 겉과 속이 있으니 **인간으로 태어난 최대의 약점** 우리는 안인 동시에 바깥이니 껍질과 내장의 간극을 잘 씹어 삼키자 소화하자 개가 되고도 남았을 일들과 개 목줄 모두 잊고 훨 훨-

  죽은 개, 훨 훨 나는 새, 저기 저, 개 새 같은

답신
— from. 26LATHER 4UNIT SOUTHPORT QLD

1
답장을 받았다
k, 네가
죽었다고

지난 겨울
꽃을 밟고
즉사했다고
써 있다

봄에는
어떤 폭력도
저지르지 말아야지

2
창밖에
야자수가
흔들린다

어디서든

앵무새가
짖는다
상투적으로
잇는다

이곳은
나와 맞지 않아
그렇게 생각한다

3
왜, 어디든
빌고 싶지
구석을 보다
흠칫한다

지난겨울은

지독히
길었는데
몰랐다

봄에는
어떤 폭력도
저지르지 말아야지

4
꽃들을
압사시켜
편지를
쓰는 건
관둬야지
관둬야지 다
이제 다,
관두자

봄에는 어떤 폭력도 저지르지 말아야지

여름 아이

그 여름 언니는 툭하면 부러졌다
갈 곳 잃은 개들이 마당을 파헤치고
새들이 쪼아 먹은 자두가 뒹구는 현관 앞

왜 이리 현기증 나나 했지 언니는
여름에 태어난 바람에 자주 지쳤다
스스로 바람이 되어 흔들리는 나무처럼

언니의 얼굴은 자두를 닮았나
훔쳐본 얼굴이 왜 이리 서글플까
가까워 머나먼 표정 들녘에 엎드린 채

언니 언니, 부르면 돌아보는 그림자
개들이 언니를 파헤치면 어떡해
새들이 언니 얼굴을 삼키면 어떡해

언니는 고요하고 쓸쓸히 말한다
하늘에선 수평이 중요하지 않단다

그러니 답 없는 슬픔일랑 접어둬도 괜찮단다

모전여전
― 화해의 아침

보이는 게 전부였죠 아직은 이른 아침
당신은 저를 볼 때 무엇을 견딥니까
어째서 저를 낳았나요
묻고도 싶었지요

우리는 서로를 가늠할 수 없습니다
모녀는 환생하듯 고통의 연속인데
엄마는 이 생의 비밀을
발설하지 않으셨죠

주문 없는 우리의 식탁은 식어가요
얼마나 많은 생을 점 쳐봐야 할까요
쌀뜨물 투명합니다
아침을 기다리죠

훼손에 훼손을 거듭하는 마음으로
나는 나로 혼자 아닌 혼자로 이번 생도
계속해 보겠습니다

그때까지 안녕히

그린란드

잠겨 있다
잠겨 있는
잠겨 있어
잠겨 있고
잠겨서
잠기다
잠들어서
잠이어서
내 안의
아무것도 아닌
그린란드
그립다

그린란드
보고 싶은 것들이 흔들린다
그곳에서 생각나는 사람의 절반은
원할 때 만날 수 있고 절반은 만날 수 없네

그린란드
그곳에 당신은 없었고
소리 없는 미풍처럼 오래도록 웃으며
바랬지 갈 곳 없는 것들 길 잃어 울지 않길

그린란드
흰 피를 흘리는 나귀가
비틀린 몸으로 당신을 기다리고
녹음 위 내리는 서리로 그리움을 마중하네

그린란드
발음하면 흑백의 꿈들이
모공처럼 세밀히 보이는 그곳에서
언제든 올 수 있는 몸이 되리라 믿겨지네

화양연화(花樣年華)

한 철 붉어 비척이네
빗물에 머리 풀고
지는 꽃이 아름답다
하여 너는 한 계절
다발로 떠내려갔지
희고 붉은 등불 아래

꽃뿌리 짙어지고
이파리 아련하다
풀린 꽃잎 달큰하여
입속까지 몸살진 밤
장마철 물살의 병은
아득하게 깊어지고

찬비를 못 견디어
과육처럼 아픈 몸이
저편을 환생하며
물속에서 마주친 건

꽃들과 내연하느라
찬란했던 너의 동공

낙서

선배의 시집을 사서 낙서를 했습니다

한 페이지를 찢어서 버리고 왔습니다

사랑을 사랑이라 쓰는 문장들이 미웠습니다

화우동산(花雨東山)[*]

꽃잠이 오갔다 당신을 앓고 난 뒤

헛잠이 자란다 당신을 잃고 난 뒤

단단한 부스럼처럼 뒹구는 저 등피화들

바다가 그리워서 밤새워 뒤척일까

새파란 연분홍들 난분분히 오가는 길

꽃들도 매화매듭으로 엮이고 싶었다

---

* 꽃잎이 비 오듯 흩어져 날리는 동산.

피안도(彼岸島)

1
복숭아뼈 여문 살 뚫고 자라는 계절에
치자꽃 향 생각 없이 흔들리고 우리들
피안(彼岸)은 알에서 알로 깨어나는 것이네

2
새들의 흉부에 든 돌들은 노래가 되지
이름 없는 나무의 환상을 보는 황혼녘
꽃들이 만화경처럼 피어나 흩어지고

3
수 세기 전 노을이 소리 없이 저물어
낡은 물살에 녹아드는 고도의 베이지
새들은 서로를 핥아주며 어쩔 줄 모르네

4
어느 날 당신은 문득 눈 잃은 새처럼
바람과 교미하고 싶어지고 마침내

견고한 거품의 몸짓으로 헤엄쳐 당도하지

5
흰 개가 꽃을 물고 북(北)의 사선을 달리네
당신이 이 섬의 주소를 물었을 때
우리는 어떤 신의 이름을 말해야 하는가

진화하는 계절

뿌리가 깊어지면 갈증도 깊어지지

그늘을 물고 웅크린 돌들은 나쁜 꿈을 꾼다 어젯밤 어떤 폐허의 복판에 개꽃으로 피었던가 잠에서 눈 뜬 돌들— 눈과 눈을 호흡하는 습성으로 깨진 몸을 굴린다 몸속 지느러미들이 날카로운 연골이 되어 발꿈치를 뚫고 자라난다 진화의 슬픔을 아는 뿌리만이 뼈의 가죽을 밀어내는 계절이다 입 안 가득 푸르게 떠 있는 바람과 깨진 눈의 잔해들 그 사이 돌들의 환상이 저며지고 흙진 몸으로 새로운 언어를 구사하는 돌들— 비린 어둠 속에서 짖고 싶었지만 눈의 아가미만 뼈끔댈 뿐 진화의 슬픔을 말하진 못했다 꽃들과 헤어지고 그 헤어짐이 가혹하기만 바라는 계절 뿌리 깊은 돌들은 아름다운 폐허에 깃들고

꿈에서
다시 또다시
홀연히 피었다는

꽃이리*

1
꽃들은 발작처럼 찾아온다 해질녘
돌들은 서로의 깨진 무릎 주무르고
장독의 밑바닥 깊어져 새들의 둥지 된다

2
머리 긴 나무들 제 몸 태워 빛나고
독 속으로 둥글게 몸을 던져 넣는 새들
그럴 때 세계는 보이지 않는다, 구원 없이 써본다

3
함부로 영혼을 빚진 듯 살아왔다
각주처럼 인용된 생, 낱장을 펼치는데
꽃들의 전생을 의심하며 한 생애 그리웠다

* 꽃이 필 무렵.

새가 있는 풍경
— 4·16 광화문에서

알 수 없는 신호로 물들이 쏟아졌어
구름은 리본처럼 풀려가고 새들은
하나의 구호처럼 떠올라
비유 없이 쓰러졌지

새들은 어떻게 풍경을 닮아갈까
이곳에 수장된 시간을 기억해
새들은 새의 방식으로
말하고 있었어

검고 깊은 물살 위 노랗게 젖은 새들은
고개를 올리거나 내리지 않았어
새들은 표정이 없어도
균형감각이 좋았지

얼마나 많은 꿈을 정독해야 일어설까
새들도 하늘에선 흔들려 그다음
하나의 피켓을 세울 테니—

기억해 그날을

밤엔 모든 눈이 아프다

1
고백은 담보 없이 가슴에 금을 그어
사람은 외로울 때 손가락을 세우고
동공은 구두점이 되어
켜켜이 빛난다

2
입술이 눈을 뜬다 눈 잃은 새들만
지상에 머무르는 모든 것이 헤지는 밤
말들도 서로 헤어지고
손가락 길어진다

3
깊어진 문장들은 인간을 닮아간다
말들은 무수히 사무치는 환상이 되고
비겁은 잊히지 못해
제 눈을 키운다

4
길목마다 찬별들 뜬눈으로 지새우고
사람이 짐승의 눈빛을 그리워하는
그릇된 이런 밤에는
모든 눈이 아프다

시인이 눈을 감으면

시인의 슬픔은 완성된 버릇이니

황홀은 몇 세기의 모욕으로 빛나겠습니까

말들은 붉은 흉내로 가득하고 문장들, 오역됩니다

발은 왜

당신 발을 꽉 껴안고 잠든 적 있었다
발은 왜 땅에서 비벼지고 병드는가
숨죽여 발 달린 것들이 서로를 견디는 밤

손금을 읽듯이 발금을 짚는다
아프지 않다는 거짓말에 익숙하다
굳은살 단단히 배겨 읽을 수 없는 내력

당신 발을 주무르다 지난 생이 아파온다
발은 왜 바닥을 견디고 돌아오는가
마주친 발바닥으로 남은 생 쏟아진다

너무 예쁜, 개같은 2

꽃들이 다 썩었다
거리에 개가 없다
긴 잠에서 깨어난 돌들은 소문이 되고
반드시 시작되고 말 종말처럼 첫눈이 온다

쓰러지는 나무들의 아침이 젖는 중에
어제의 행방불명인 저녁이 붙어서고
평생을 찾아 헤매이는 사랑으로 묻는다

언젠가
너는 내 끝을
잡고 있는가
그런가

너는 나의
돌연변이인가
돌들이
견딘다

뒹군다
세상 어디에도 없던
시가 되어
내린다

바깥

새들도 수만의 하늘과 헤어진다

바람이 불어올 적 다정만 바라며

방 안에 엎질러진 몸- 너는 너로서 가혹하다

2부

살려면 많은 농담이 필요하다

농담이 살아진다

온몸의
관절이
부서지는
꿈을 꿔도

깨고 나면
다 농담이다
농담이
살아진다

살려면
많은 농담이
필요하다
적는 아침

슬기로운 생활

1

영희야 부르면 영희가 돌아본다
철수야 부르면 철수가 다가온다
영희는 고양이 같고 철수는 개 같다

2

철수가 말했다 : 나무를 왜 괴롭혀?
영희가 말했다 : 나무가 좋아서
철수는 나무가 됐다 영희가 웃었다

3

싸구려는 어차피 죽어도 싸구려야
영희가 속삭이고 철수가 들었다
철수는 입을 꾹 닫고 개미를 눌러 죽인다

4

개처럼 철수를 안고 영희가 말했다
나무가 된다면 전나무가 좋겠어

철수는 나무가 아니다 영희는 알고 있다

팝송을 부르며 된장을

정답을 모르겠다, 답장이 없었다
그런 뜻의 가사일지 몰라도, 알겠다
노앤썰, 따라 부르며 냄비에 물 올린다

메뉴에 정답 없다 멸치 똥 바르고
애호박 양파 썰고 초당두부 깍둑썬다
암쏘리, 후렴구에서 날개뼈 간지럽다

기다린다, 솜털도 일부러 뽑으면
아프다, 그런 뜻의 가사일지 몰라도
노앤썰, 히트미-힛미, 된장을 꺼내 푼다

뭐든 다 괜찮아, 심각하게 생각하지 마
내 속의 아무것도 아닌 것들 춤추고
우리는 이 세계로부터 남겨졌단 의미지

넘친다, 쉿-된장, 아니지, 고민하지 마
노앤썰, 킬미-킬미, 우리는 과감하니

칼질로 모두 때려 붓고 강불을 견딘다

답 없는 가사가 국물을 우린다
팝송을 들으며 된장을 끓이는 저녁
노앤썰, 피스–평화 사랑–러브, 단순하다, 아무렴

1995년, 철수와 영희
- 오래된 약속

그럼 엄마는 언제 와?
철수가 물었다

열 밤 자고, 꼭 갈게
영희가 대답한다

철수는 숫자만 알았다
손가락 접고 잠이 든다

내 꿈은 컬러꿈

거울을 들여다보며 눈화장을 하고 있다

집 앞 사거리에 차가 세워져 있길래, 차 주인은 어디론가 갔길래, 키만 꽂혀 있길래, 운전석에 앉았다, 하지만 키는 꿈쩍도 하지 않아서, 나는 사실 면허도 없어서, 다시 내려 뒷좌석에 앉았다, 못생긴 애가 탔네, 아저씨 둘이 말했다, 제가 못생겼어요? 그들은 내가 사는 곳 앞에 나를 내려주었다, 엘리베이터를 탔다, 꼭대기 층으로 올라가니 카페 홀이었다, c를 만났다, 여자친구를 기다리고 있었다, 내게 초콜릿을 나눠주길래 받았다, 방으로 내려왔는데 알몸이었다, 거울 속에 내가, 못생긴 눈화장을 하고 있었다, 방을 나서기 전엔 잘 어울린다고 생각했는데, 사실 난 그런 색 가지고 있지도 않은데

한 번도 갖지 못했던 색들이 거울 속에 있었다

서정시

출처 모를 버릇처럼
나쁜 꿈을 꿨습니다
이 밤의 출처 없음
이 삶의 해몽 없음
붉어져 개와 꿈으로 깨어나곤 합니다

깊어진 문장들이
다리를 가집니다
아무도 본 적 없는
문장을 찾습니다
말들은 죽고 나서야 읽히는 비겁이에요

선잠이 들기 전
수면제를 먹습니다
이런 게 서정의
새로운 유행이죠
눈 뜨고 흥겹습니다 흐르는 밤만 남아요

보고 싶은 것들만 헤어진다

아름답고 싶었다
악몽 깬 아침마저

보고 싶은 것들만 헤어진다
그런 날

개꿈은
전생이 되고
먼 곳의 우리
입이 없어서

고고와 함께한 저녁

고고는 노래를 부르지 않는다
고고는 모험을 좋아하지 않는다
고고는 고고일 뿐인 기분으로 그렇게

　서 있다, 양식된다, 불가능한 표현처럼, 추상적인 비유처럼, 내던져진 희망처럼, 구르다 깨지고 만 자정의 달걀처럼, 고고가, 고고를 엿본다, 성찰된다, 고고는 고고만의 문제가 있다, 어지럽다, 수채통에서 버텨낸 싹을 발견한 기쁨으로, 구석을 연명하는 홀씨를 짓밟는 마음으로, 고고는 고고를 잊기로 한다, 메트로놈 박자에 맞춰서, 노을을 기억한다, 황혼을 정의한다, 고고는 정의롭다, 옳고 그르다, 고고는 고고로서 필사적이다, 하늘의 별들이 인공위성이라 의심하는 버릇으로, 실패한다, 한겨울의 기분으로, 푸르게, 은빛으로, 날카롭게, 수확된다, 시력이 나빠지는 학자처럼, 아침을 거르는 수험생처럼, 삶의 좋고 나쁨을, 기피한다, 여지없이, 이해받길 거부한다, 뒤안길에서 더러운 고양이를 마주친 애틋함으로, 가볍게, 관대하게, 세계를 이해한다, 고고가 자신의 발등을 내려다본다, 발등이 어째서 날개가 아닌지, 고민하지 않는다, 고민하지 않음을 고민하고, 고민으로써 존재하길, 부정한다, 소외된다, 고고는 고민이 아니고, 고고는 가면이 아니고, 고고는 고도가 아니고, 형이상학이 아니다, 고고는 사랑이 아니고, 사랑이 종교가 아니듯이, 고고는 절망도 아니다, 단지, 하나로 해석되고, 수없이 표절당한다, 단지, 그렇게, 고고 외에는 아무것도 아닌 고고는, 어느 날, 문득, 당도한 해질녘, 이후로, 단지, 그렇게, 노래를 부르지 않고, 단지, 그렇게, 모험을 좋아하지 않고

  고고는 고고일 뿐인 저녁 속에 그렇게

사(思)의 찬미

사랑할 것들이 없었다면
나도 없지

땅굴 속에 뼛조각 심어둔
개처럼

있었다
살아갈 만한
사랑할 것들이

길목에 사료 그릇 발견한
고양이처럼

한 모금 비 적선당한 어제의
잡초처럼

있었다
살아 보아도

괜찮다는 세계가

산다는 건 구원받지 못한다는
희망이지

이 밤의 갈 곳 없음
길가의 경계 없음

잊었다
잊고 또 있고,
적당히 희미하고 찬란한

바닥

밝게- 밟게 움직이는 바닥이 있습니다

아무것도 아니니 무엇이든 된단다

그렇게 바닥의 뿌리는 밟아지고 밝아집니다

고양이는 왜 꽃잎을 뜯어먹고 우는가

진이야,
네 눈가가 노랗게 물들었다

또 몰래
꽃잎을 뜯어먹고 우는구나

엄마는
네 모습 보고 잠깐 동안 웃는다

시조를 읽으시나요

2019년/ 신춘문예/ 등단을/ 한 뒤로
글자 수만/ 맞추고/ 시조라/ 우긴다
선생님/ 감사합니다/ 시조를/ 쓸 수 있어요

필사하는 밤

쓴다는 것 - 입으로 못하는 것들을

손으로 캐낸다는 것 - 가능성과 불가능성

이토록 새긴다는 것 - 불구하고 불구라는 것

문장들 - 유효한 박제가 될 것이니

말들이 - 문장들이 - 살아지고 사라진다는

이토록 부재라는 것 - 불구하고 불사라는 것

풍경 소리

김이 서린 창문에는
수심이 없었다

낙숫물 돌 깨먹는 소리만 깊어지고

그럴 때
세계의 비밀을
엿보는 기분이 된다

계절시

핀 꽃을 바라보며 계절을 묻는다

웃으며 미안하다 말하는 당신이

어쩌면 모든 계절의 시작인 때 있었지

그림의 제목은 겨울나무

사랑하는 사람이 내 겨울나무 보더니
수박과 잔디를 그리라 말한다
웃었다, 그 다정함이 너무해서 웃었다

아몬드 나무

한낮에 너무 많은 질문을 써버렸다
아몬드 나무는 현자처럼 서 있고
여름의 아몬드 꽃은 흔들리고 시들 운명

다음 생을 준비할 여유가 없는데
두려워서 침을 뱉는 마음으로 걷는다
한밤의 아몬드 나무는 찬란한 꿈의 나머지

한밤에 너무 많은 답들을 견디었다
울어도 생은 한번 웃어도 생은 한번
그러니 묻지 않겠다 어째서 꽃 피었는가

3부

생이란 매일 그 예보에 실패하는 법이라네

돌들은 재의 꿈을

흔들리는 날씨를 점치는 일이었지
들개가 물고 가는 싱거운 돌 하나
생이란 매일 그 예보에
실패하는 법이라네

잎사귀 쥐었다 놓은 바람의 손금처럼
달의 무늬 되지 못한 주름진 돌들은
으스름달 뜬 밤이면
뜬 눈으로 갈라지네

천년을 살 것인 양 견적 없이 괴로워도
뜨거운 재의 꿈을 꾸고 있어 저 멀리
한 마리 개가 오는 동안
선(善)한 피를 흘릴 거야

낙원의 밤

낙원에
소년과
소녀가
깃드는 밤

네게서
검은 뿌리
자라고
만단다

그 밤에
길고 날카로운
뿌리 자라고
만단다

썩은 이
모두 빠지는
꿈을 꾸며

알게 된단다
종말에 가까운 기분을 느낀단다
모처럼 모두 모였으니 해후의 잔을 든단다

기쁜 우리,
방죽 위를 오르고
기어 다녀
검은 뿔은 더 자라고,
더욱 자라는 소녀 소년
슬픔이 밤과 내연한단다
미친 신이 찾아온단다

그리하여 낙원의 밤,
소녀는 소름이 돋고
괄호 쳐진 낙원에서
낙조를 견딘단다 언젠가 쉽게 가빠질 공기를 끌어안고

지새는 낙원의 밤,

소년은 비늘이 돋고
인어의 알몸으로
낙원을 견딘단다
마침내 붉은 거품으로 이루어진 네가 올 때까지

유배

당신과 나 사이에 사막이 있습니다
하얀 밤은 아름다운 거인을 깨우고
백야에 눈먼 새들이
폭설을 몰고 옵니다

당신의 여정은 어디에 가닿을까요
밤과 낮의 알갱이들이 천연으로 일어나
노래를 잉태하는 곳
파문의 시작입니다

사막은 당신이 밟은 최초의 비밀입니다
이 엄숙한 세계의 비밀은 노래가 되죠
당신은 벌써 사막이
그리워지고 있습니다

너무 예쁜, 개같은 3

뜻밖의 일이었지
그 밤에 보았으니
돌에 쏘여 죽은 개가
환생하는 그 순간을
강둑의 부싯돌 소리
네 방 찾아 굴러온다

길목마다 등불처럼
피어나는 헛꽃들
개는 죽어 네가 되고
너는 죽어 꽃이 된다
물 건너 멀다 멀다 해도
문턱 밖이었으니

이불을 뒤집어도
너는 이미 간데없다
베갯속 물비린내
홀연하고 너무 예쁜

개같은 꽃들만 보여
달빛 속 춤을 춘다

티티 타
-**언니의 발견**

여름이 은행알로 으깨질 무렵에
언니는 새의 말을 시작했죠 **티티 타**

조심해
개들이 몰려오면
언니를 물어갈걸

하지만 언니는 멈추지 않았죠
가을의 신곡처럼 직선적인 비명처럼

티티 타
그만해 언니
개 비린내가 가까워

새들이 하늘로 번지는 밤 언니는
긴 머리 자르고 날개뼈 금을 긋고

목화꽃

터지듯 하얗게
깃털이 되었어요

명랑한 웃음소리 방향을 아는 날갯짓
언니는 떠나며 안녕 대신 **티티 타**

개들이
찾아왔을 땐
이미 너무 늦은 거죠

장산범

이것은 언니와 나만의 작별 인사
언니는 모른다 알지만 모른다
언니의 둥근 어깨 위로 하얀 해가 떠오른다

 언니의 등 뒤로 하얀 말이 달려간다 달리고 달려서 죽으면 언니의 발밑에 하얀 개가 구른다 구르고 굴러서 죽으면 하얀빛이 솟구칠 테지—어째서 하얀 것투성이야 알지만 모르겠어 언니는 알지만 모른다 그럴 때 가장 친숙한 목소리로 알아 장산범이 등장하고 가장 낯선 은빛 흐리고 흐린 은빛이 번뜩여 눈부신 흰 털 속 얼굴은 구멍이다 어둠이다 언니의 길고 검은 머리털이 헤아려진다 어둠의 관상을 본다 구멍—기어코 봐버린 구멍을 본다 보고 보는 것뿐인데 네발로 기는 어둠 네발을 핥는 어둠 솟구치는—언니의 등 뒤로 하얀 말이 달려가 죽고 하얀 개가 굴러가 죽고 하얀빛이—어째서인지 알지만 모르지 언니는 그럴 때 구멍이 돼 버리는 걸 언제부터 시작된 것일까 어둠이 언니의 긴 머리를 자른다 가벼워진 언니는 알지만 모르지 범을 들여다보다 범이 되는 구멍을 들여다보다 구멍이 돼 버리는 이것은 언니와 나만의 작별 인사 그래 알지만 몰라 범이 될까 구멍이 될까 너는 나를 닮았다 빛은 어둠을 닮았다 알아 속삭이는 은빛과 하얀 해 하얀 어둠이

언니의 둥근 어깨 위로 은빛 털이 자란다

버전(version)

1
당신은 나의 다른 버전이 보고 싶죠
본 적 없는 시대를 그리는 마음으로
우리는 깊은 물속에 잠들어 있었어요

수수밭 흰 깃털 뒤덮일 때 기다려요
오역된 생들만이 극점을 가지죠
극점은 물살이 되고 물살이 노래입니다

2
수수밭 흔들리고 새들이 떨어져요
당신이 낙관한 물살이 범람합니다
노래는 수심을 가지고 하나의 몸이 열리죠

그토록 당신은 떠오르고 잊혀집니다
수압이 상승하고 노래가 반복돼요
영원히 돌아갈 곳은 붉고 붉은 수수밭

3
버려진 삶들이 함부로 인용될 때
오래도록 방치한 격통이 시작되죠
물살은 극점을 잃고 하나의 몸이 닫힙니다

당신은 당신을 가늠할 수 없습니다
앓았던 생들만이 노래가 될 수 있죠
당신은 또 다른 버전의 당신이 되었습니다

베개

기억나
마마 기억나
아주 오랜 집이었지

 마당 안 함부로 채이는 흔하디흔한 돌들도 저마다 하나씩 전설이 있어 우물에는 물 대신 어둠이 고이고 양식된 어둠이 이마에 눌어붙었지 마마는 구멍 난 곯은 배를 바느질하고 누이는 뒷마당 따끈한 돌멩이를 주워 먹어 어느 날 누이가 베개를 주워왔지 그거 어디서 났어 마마가 물어도 흐흐 대답 없이 웃기만 해 누이는 백치야 베개는 제 배에 누이의 머리 심고 누이 배는 자꾸만 우물처럼 깊어져 흐흐 밤마다 신음하는 누이 하얗게 배가 불러 마마의 녹슨 가위가 길게 번쩍이고 누이의 뱃가죽이 베갯잇처럼 뒤집어졌어 어떡해 마마 어떡해 비어 있는 누이의 배 아 누이는 요절한 거야 베개가 죽은 꿈을 시키면 양수처럼 쏟아내고 자꾸만 자꾸만 집어삼켜 무서워 마마 무서워 마마와 내가 미친 듯 몸의 무늬를 바꿔대고 화톳불 위 서캐처럼 비명이 터져도 섞이는 몸들 한 다발

주렴처럼 빛나고

  기억나
  마마 기억나
  엎질러진 우리의 저-

랄라

1
랄라가 말한다 랄라는 랄라일 뿐

내가 아냐 언젠가-언제나 내가 아냐

랄라는 노래가 되고 술이 되고 시가 되지

2
랄라는 춤 춘다 랄라는 랄랄라

네가 되지 언젠가-언제나 네가 되지

랄라는 운율이 되고 미친 꽃과 달이 피지

3
그러니 더 이상 설명이 필요할까

랄라는 언젠가-언제나 랄라일 뿐

랄라는 사랑이 되고 이름 없는 신이 되지

펠리컨

너희는 그 방에 모여 있었다 분명히
창밖은 겨울처럼 믿겨지고 펠리컨-
머리가 벗겨져 벌건- 펠리컨이 있었다

시험지를 나눠 받았는데 그 전에 펠리컨이 들어온 것 같았는데 아무도 펠리컨에 대해 말하지 않았지 펠리컨-머리가 벗겨져 벌건 펠리컨-저 구석에 모퉁이에 날개를 접은 펠리컨이 서 있어 어째서 아무도 펠리컨에 대해 말하지 않는 걸까 너는 궁금했지만 그 누구도 입을 열지 않았고 너 역시 입을 열지 않았지 창밖은 겨울처럼 믿겨지고 마침내 펠리컨이 있는지 확신할 수 없게 되었지 펠리컨-머리가 벗겨져 벌건 펠리컨-의 얼굴에 사각(死角)이 있어 그것을 아무도 알아차리지 못하는 걸까 어째서 펠리컨인 거야 너는 점점 모르게 되고 점점 깨닫게 되지아 어쩌면 이것이 시험 문제일지 몰라 그 순간 펠리컨이 날개를 펴고 어쩌면 네 손에 부딪혔는지 몰라 분명하게 나가고 싶은 기분일까 그것이 시험 문제일까 창밖은 겨울처럼 믿겨지는데 창문이 열릴지 확신할 수 없었지

너희는 그 방에 모여 있었다
어쩌면, 언젠가

거짓 화해의 세계
― 불길한 개들에 대한 빈 시

잠든 개들 ― 그 앞에 환하게 엎질러져
떠도는 바람보다 비린 공포를 맡았지
대낮에 개들로부터 모반을 모의하고

어떤 꿈은 ― 모욕에 관한 빈 시에 불과해
불과 길, 그 위에서 뒤돌아보았고
개들의 무서운 꿈을 염탐할 때 알았지

피 냄새가 ― 벗겨지고 가죽이 흩어져
바람은 어디서 시작되고 끝나는지
어쩌면 잘린 것들은 계속해서 투명해지고

너의 불화는 ― 고깃국 마시듯 잊혀져
개들은 영원한 모반을 원하지만
기름 뜬 살의를 품고 화해의 꿈을 꿨지

다시 개들 ― 그 옆에 발목이 놓여 있어
우리는 지속 가능한 평화를 말하지만

불길한 개들의 꿈은 타오르고 타오르고

길라와 아름다운 폐허

서쪽 하늘 멀리멀리 까마귀가 짖는다
불빛에 몸 씻는 꽃들의 짙은 탄내
폐허의 흰 굴뚝으로 개들이 뛰어든다

길라의 뱃속에 아름다운 폐허가 깃들어 도처에 불빛들 프리지어 굴다리 뒤의 뒤였지 블랙버드 검은티티 푸른 순록을 타고 속았어 미쳤어 달렸어 부드러운 총구를 들어 길라는 춤과 춤 블루스 그 사이 침묵하는 하나 둘 셋 무늬로 지어진 계단을 올라 흠뻑 뻑하는 노래를 듣지 이해해 그래 이건 어떤 폐허의 상처야 붉어서 사라지는 향기 말들의 미친 기록 길라는 이해하지 그래 너였지 프리지어 블랙버드 검은티티 춤과 춤 모두 길라의 폐허로 잉태되는 불빛들 도처에 불빛들 눈이 부셔 꽃들의 짙은 탄내 그렇지 흰 굴뚝으로 들어간 개들은 소식이 없어 이해해 서쪽 하늘 멀리멀리 알고 있지 길라는 붉고 붉어서 폐허로 사라지지 믿지 않을지 몰라 눈부셔 웃고 웃었어 불빛들 너무 많은 불빛들이

길라의 아름다운 폐허, 틈과 틈, 그 뱃속에서

개와 여름

황혼녘, 개들의 표정이 짙어진다

그 여름, 너는 상습적으로 흐린 하늘을 질투했고 자신이 개인 줄 알았던 이는 자신을 속물이라 말하고 다니는 이들과 어울렸다 나쁜 꿈이 따라붙었다 새들은 천장에 무한의 리본을 그리는데 혀 밑에서 피가 끓었다 축축한 바람이 불어와 사방에 잘린 벽들이 세워지고 구름이 저물었다 날카롭게 담금질 된 기억-숭어리 들고 꽃싸움하는 개들 하얀 개와 검은 개의 몸이 둔각을 그렸다 너는 상습적으로 맑은 하늘을 질투했고 자신이 개인 줄 알았던 이는 자신을 속물이라 말하고 다니는 이들과 절교했다 흉한 문장은 언제든 쉬웠고 쉽게 아름다워졌다 패배감이 널 죽이지 못한다고 썼다 새들은 몰살되었고 개밥그릇이 비어 있었다 그 여름

한 번도, 개를 사랑하는 꿈을 꾸지 못했다

밤엔 모든 눈이 아프다 2

 네 몸에 선(善) 자를 세기고 개가 온다-떠난다

 밤의 모공에 박힌 눈들의 서사가 찬란하지 어떤 밀교의 부름으로 너는 이곳에 함부로 구르는 낯선 몸이 되었는가 우연한 계절을 견디는 몸들 우연한 바람에 부싯돌되어 하나의 진언이 될 때 눈먼 개들은 꽃들을 교살하고 스스로 피지 못해 태생을 논하는가 선하디선해 죽지 못한 생 눈 대신 말을 잃고 어떤 도처에서 피를 흘리며 뒹굴겠는가 돌들은 문장의 복판이 되어 바다의 밀어를 제 몸으로 삼키고 너의 언어는 반복되는 황혼의 내력으로 온몸을 내던지는가 짐승도 제 아닌 눈빛을 그리워해 함부로 짖는 시간 이런 밤엔 모든 눈이 아프니 제 살을 찢고 불 먹은 몸들 환한 뼈로 일어서고

 네 몸의 선(善)한 피를 마시고 개가 온다-떠난다

몹시 지쳐 아름다운 것들만이

기억들이 부표처럼 경계 위에 묶여 있다

강을 건너다 문득 그런 생각이 들었다 아주 낮은 당신이 있고 아주 낮은 당신은 내가 만나지 못했던 당신-이곳에 던져진 시간이 기억나지 않는다-마음은 이상하지 수만의 색을 가지고도 하나의 결이 보이는 것 당신은 버려진 풍경 속 마지막 인류학자가 되어 바라본다-*몹시 지쳐서 아름다운 것들만이 기록될 가치가 있지* 모서리를 찾는다 집으로 돌아가는 길목마다 뒤틀린 마음을 발견한다 언젠가 나처럼 이곳에 던져진 시간이 기억나지 않는다 아주 낮은 당신이 있고 아주 낮은 당신은 내가 만나지 못했던 당신 우리가 동시대적인지 고민한다 죽음이 인간의 완성이라면 인간은 나이에 상관없이 완성된다는 말-강을 건넌다 몹시 지친 당신은 결국 모서리를 찾을 것이고 그 모서리 뒤안길을 따라 눈길을 그으면 다시 아주 낮은 내가 있다-당신의 나는 나의 당신을 견디는가 나의 당신이 당신의 나를 견디는 것처럼-그 언젠가의 나는 그 언젠가의 당신을 만나 흩어지는 평지 위 한 그루

불가능이 되겠지

가엾이, 몹시 지쳐서 아름다운 것들만이−

j

이름 없는 바다에서 소녀는 j를 찾는다

번역되지 못한 통증들이 있어 그때 신은 잊혀지고 이름 긴 나무의 환상이 시작될 테지 / 등장인물 : 소녀, 사람A / 장소 : 해변-한쪽에 쓰레기통이 놓여 있고 바위 위에 앉아 있는 그림자 남자의 실루엣이 보인다 -막이 오르고- 소녀가 권총을 들고 대사를 시작한다 *잘 잤어요?* 소녀가 직접 사람A의 몸을 수색한다 신발을 가리킨다 사람A는 신발을 벗고 눈 잃은 짐승의 습성처럼 흐르고 흘러 어떤 균형을 이룬다 소녀는 사람A가 j일 가능성을 의심한다 소녀는 j의 이름을 모른다 매일 조금씩 푸르게 오염되는 눈을 가진 소녀는 스스로 이름을 버렸지만 사람A는 언제나 이곳이 어디인지 묻는다 *잘 잤어요?* 사람A는 자신의 이름을 기억하지 못하고 소녀는 여전히 j에 대해-얼굴도 이름도 모르는 그에 대해 이야기한다 그림자 남자가 조금 움직이고 사람A가 균형을 잃는다 자신이 키우던 개를 실수로 절벽에 떨어뜨린 그림자 남자가 절벽에서 뛰어내린다 소녀가 쓰레기통을 뒤진다 죽은 물고기들의 통증이 눈을 찌른다 *잘 잤어요?* 소녀의 지문이 반복되고 낮과 밤을 잃은 바다는 사랑과 광기에 대한 우화를 들려준다 사람A 다시 잠이 들고 소녀가 소녀의 권총을 들고 대사를 시작한다 -암전- 화려한 연극은 계속되고 너 또한 한편의 시가 되는 것* 이름 긴 나무의 환상이 끝날 때 신은 다시 태어나고, 이름 모를 시 속에서 소녀가 자란다 이름 없는 바닷가에서 푸르게 오염될 운명처럼, 마침내 - j가 등장할 것이다

  소녀는 당신 이름을 생각하며 걸었다

---

* 영화〈죽은 시인의 사회〉 中 'That the powerful play goes on, and you may contribute a verse' 인용.

어쩌면 배우였던 작가의 사생활

어쩌면 대사를 외우고 싶었다

〈물고기들〉(2014)을 들여다보았다 소녀가 말한다 전 안 미쳤어요 말짱해요 난 그런 생각한 적 없는데 그럴 생각도 없고 아저씨 이름이 뭐예요? 남자가 말한다 기억이 안 나 계속 기억하려고 떠올리려고 애쓰는데 그러면 곧 잠들어 버려 안 돼 정신 차려야 해 우선 여길 벗어나야지 소녀가 말한다 꼭 어디로 가야 해요? 남자가 말한다 응 여기서 살 순 없잖아 소녀가 말한다 전 여기 사는데 여긴 멋진 곳이에요 그거 알아요? 죽은 물고기들은 모두 이 해안가로 떠내려와요 같이 보러 갈래요? 남자가 말한다 물고기는 못 봤는데… 어쨌든 난 계속 걸을 거야 그러다 다시 잠들지 모르지만 잊어버린 것들을 생각하지 않으려고 해도 혼자 있다 보면 어느새 그 생각에 빠져들어 그러자 소녀가 고쳤던 대사를 떠올린다 그래도 어쩔 수 없어요 우린 여기서 살아나가야 해요 우린 이 해변을 견뎌야 해요 얼마나 견뎌야 할진 모르죠 아마 정말 긴-길고 긴 날들이 되겠죠 그런데 눈 깜짝할 사이에 지나갈

지도 몰라요 어느 날 눈을 떠서 이 해변에 도착한 것처럼

 어느 날 눈을 떴는데 벗어나 있을지 몰라요

괜찮아, 안 죽어
- 길라가 랄라에게

머리를 밀어도
괜찮아, 안 죽어

브라를 안 차도
괜찮아, 안 죽어

괜찮아,
네가 무얼 하든,
무엇이든, 괜찮아

그러면 랄라가 길라에게 말하지

우리의 너무 예쁜, 개같은 세계에선

사는 건, 사는 것만의 문제가 아니라고

우연한 길 위에서

네가 쓴 시들만을 그러모아 묶어보렴
그토록 무거우니 그토록 미약하니
잊으면 잊혀진단다 그렇게 흘려보렴

한없이 미끄러져 길이었지 아니 새하얀 갈증으로 길 잃었지 아니 그 길 위에서만이 너는 쉴 수 있고 길을 가리키는 것들은 어둠을 헤매인다 아니 새하얀 머리칼 풀어헤친 그 길이 어둠을 가리켜 담벼락 뒤에 뼈를 묻는 개는 이제 보이지 않고 새끼에게 젖을 주는 고양이는 기척이 없어 긴 머리 자르고 날갯죽지 곧게 핀 어둠 우리가 태어난 건 죄가 아니고 우리가 살아가는 건 벌이 아니지 아니 우리가 태어난 건 형벌이며 살아가는 건 죄가 될 수 있다는 말 죽은 것은 다시 죽지 않고 생이 다른 곳에 있을 리 없다는 말 아니 자정에 휘파람 부는 나무들 죄를 짓고 길 위의 모든 것들이 미끄러지는 동안 달이 떠올라 아니 달은 우연히 그러한 궤도에서 우연히 그러한 거리에서 우연히 존재하고 이러한 우연을 진실로 믿는 것처럼 네가 쓴 시들만을 그러모아 보렴 달의 뒷면을 모른

채 달을 사랑한다 말하는 것처럼 알 수 없는 먼 빛들을 별이라 부르는 것처럼 진실은 여러 얼굴을 가지고 죽음은 하나의 얼굴을 가진다 단지 그뿐인 것으로 알자 아니 그토록 무거우니 그토록 미약하니 갈증을 견디고 길을 서성여 그리하여 잊으면 잊혀진단다 어둠이 잊혀진단다 달이 솟는 걸 같이 슬퍼해 준다면 생을 사랑하겠다 아니 아니

 살려면 살아진단다, 그렇게 흘려보렴

| 해설 |

밤의 숲에서 우리가 본 것은

임지훈(문학평론가)

　소중한 사람들은 모두 떠나갔고, 바라던 꿈은 얼룩으로 남아 안구에 새겨지고, 기다림은 무색해져 어떤 끝조차 기다릴 수 없게 될 때, 우리는 눈을 본다. 까만 어둠 속에 더 깊은 어둠으로 음각되어 있는 새까만 눈을. 소중한 사람들의 표정이 산산이 깨어져 떠다니고, 소중했던 장소들은 아무런 의미 없이 융기하는 그곳에서, 우리는 우리의 몸이 부서지는 것보다 더 아픈 것이 무엇인지 알게 된다. 이것은 숲의 밤과 같은 경험이다. 눈부시게 빛나던 이파리에 눈을 찡그리면서도 바라보게 되던 풍경을 지나 우리가 도달하게 되는 한밤의 어둠. 얕게 반짝이는 눈[雪]과 나무들의 검게 빛나는 음영 사이로, 이제 우리가 살았던 시간은 모두 흩날리고 말았다는 것을 감각하는 시간. 최보윤의 시는 그 숲의 한가운데에서, 부서지는 어둠과 얕게 뭉

쳐진 눈의 반사광으로 써내려간 기록이다. 출몰하는 언니들의 음영(陰影)과, 사라지고 죽은 너의 음영. 그리고 그 도저한 깊은 곳의 알 수 없는 그림자들. 지나간 시간의 반짝임에 푸르스름하게 일렁이는 음영들은 이제 '나'에게 무엇을 말하려는가.

이제는 상실이라는 말로도 다 품을 수 없게 된 해체된 타인의 기억들은 그래서 서글픔과 끔찍함, 애달픔과 광희(狂喜/狂戲)가 뒤섞여 있다. "고통은 촌스럽다/너무 촌스러 어이가 없다"(「개 세요?」)고 말하면서도 고통의 근원에 대한 탐색을 멈추지 않기에 발생하는 이 복합적인 감정은 "모든 눈물은 가치가 있는가"(「너무 예쁜, 개같은」)라는 물음으로부터 시작된다.

> 봄 맞고
> 꽃머리
> 한 바가지 쏟았다
>
> 고통의 견적 없음
> 그리움의 맥락 없음
>
> 묻는다
> 모든 눈물은

가치가 있는가

-「너무 예쁜, 개같은」 전문

고통과 그리움에 "견적"도 "맥락"도 없다는 이 말은 두 갈래의 방향성을 가진다. 하나는 화자가 가진 존재론적 연약함이다. 그에게 있어 지금 자신의 앞에 놓인 "고통"과 "그리움"은 자신의 능력으로 측정할 수 없는 거대한 것으로서, 판단과 감당의 부피를 넘어선다. 그런 의미에서 고통과 그리움에 대한 이와 같은 판단은 그의 존재론적 취약성을 드러내는 것이라 할 수 있다. 하지만 이와 같은 존재론적 취약성은 다른 한편으로 대상에 대한 한정을 선험적으로 전제하지 않으며 자신에게 육박해오는 그 부피를 온몸으로 체감하고 있다는 사실로부터 나오는 경험적인 진술이기도 하다. 이와 같은 존재론적 취약성은 대상의 규모를 책정하지 못한다는 점에서 화자의 인지 능력의 한계이면서, 동시에 그가 자신이 상실한 대상에 대해 보다 깊은 시각을 견지하게끔 만드는 원인이기도 하다. 내가 대상을 온전히 파악할 수 없음을 실감하게 된다는 것은, 곧 내가 경험한 대상이 전체가 아닌 단지 부분에 불과한 것임을 인지할 수 있게 됨을 의미하기 때문이다.

기억들이 부표처럼 경계 위에 묶여 있다

강을 건너다 문득 그런 생각이 들었다 아주 낮은 당신이 있고 아주 낮은 당신은 내가 만나지 못했던 당신-이곳에 던져진 시간이 기억나지 않는다-마음은 이상하지 수만의 색을 가지고도 하나의 결이 보이는 것 당신은 버려진 풍경 속 마지막 인류학자가 되어 바라본다-*몹시 지쳐서 아름다운 것들만이 기록될 가치가 있지* 모서리를 찾는다 집으로 돌아가는 길목마다 뒤틀린 마음을 발견한다 언젠가 나처럼 이곳에 던져진 시간이 기억나지 않는다 아주 낮은 당신이 있고 아주 낮은 당신은 내가 만나지 못했던 당신 우리가 동시대적인지 고민한다 죽음이 인간의 완성이라면 인간은 나이에 상관없이 완성된다는 말-강을 건넌다 몹시 지친 당신은 결국 모서리를 찾을 것이고 그 모서리 뒤안길을 따라 눈길을 그으면 다시 아주 낮은 내가 있다-당신의 나는 나의 당신을 견디는가 나의 당신이 당신의 나를 견디는 것처럼-그 언젠가의 나는 그 언젠가의 당신을 만나 흩어지는 평지 위 한 그루 불가능이 되겠지

　가엾이, 몹시 지쳐서 아름다운 것들만이-
　　　　　-「몹시 지쳐 아름다운 것들만이」 전문

　만약 그가 자신이 경험하는 고통과 그리움에 둔감했더라면, 혹은 그것을 섣불리 판정하고 책정할 수 있는 자였다면 그는 지난 시간 속에 놓인 "내가 만나지 못했던 당

신"을 발견할 수도, 그를 통해 보았던 하나의 결로부터 그가 가진 "수만의 색"을 되새겨볼 수 없었으리라는 것은 자명하다. 그래서 화자의 이와 같은 존재론적 취약성은 그가 "버려진 풍경 속 마지막 인류학자"를 바라보는 '또 다른 마지막 인류학자'가 될 수 있게끔 만들며, 파편이 되어버린 기억의 조각들을 탐색할 수 있는 나침반이 되어준다. 고통과 그리움이란 그러한 조각들에 대한 마음의 촉각과 통각의 이름인 셈이다. 여기에서 화자가 지닌 존재론적 취약성과 인지의 한계는 대상에 대한 보다 크고 깊은 상상을 가능하게 만드는 상상력의 원천으로 작용한다는 점에서 화자가 지닌 술어에 대한 예민한 감각을 설명해주기도 한다.

하지만 이와 같이 화자가 감각하는 고통과 그리움에 대한 견적과 맥락 없음을 파악하는 것은 왠지 조금 아쉬운 기분이 든다. 만약 그가 단지 자신이 가진 마음의 능력만으로 소재를 찾고, 그로부터 시를 구성해내는 것이었다면, 그의 시는 한편 논리 정연하게 자신의 고통과 그리움을 설명해내는 시였을 것이고, 그랬다면 그의 시는 읽기 쉬운 한 편의 하소연에 지나지 않았을 것이다. 그의 시가 어떤 암시를, 임박할 운명에 대한 계시의 능력을 지닌 것은 마음의 촉각과 통각의 기저에 깔린 비관론적 인식 덕분이 아닐까 싶다.

잠든 개들 ― 그 앞에 환하게 엎질러져
떠도는 바람보다 비린 공포를 맡았지
대낮에 개들로부터 모반을 모의하고

어떤 꿈은 ― 모욕에 관한 빈 시에 불과해
불과 길, 그 위에서 뒤돌아보았고
개들의 무서운 꿈을 염탐할 때 알았지

피 냄새가 ― 벗겨지고 가죽이 흩어져
바람은 어디서 시작되고 끝나는지
어쩌면 잘린 것들은 계속해서 투명해지고

너의 불화는 ― 고깃국 마시듯 잊혀져
개들은 영원한 모반을 원하지만
기름 뜬 살의를 품고 화해의 꿈을 꿨지

다시 개들 ― 그 옆에 발목이 놓여 있어
우리는 지속 가능한 평화를 말하지만
불길한 개들의 꿈은 타오르고 타오르고
― 「거짓 화해의 세계-불길한 개들에 대한 빈 시」 전문

한 편의 시가 보유한 술어들을 그가 위치한 현실의 무게로 곧장 치환하는 것은 늘 일정한 위험 부담을 지니기 마

련이다. 그럼에도 불구하고 위의 시는 이 시집의 화자가 감각하는 현실의 양태를 특유의 감각적 서술을 통해 시집 전체를 관통하는 비관적인 정서를 효과적으로 조성하고 있다는 점에서 그러한 위험 부담을 무릅쓰게 만든다. 엎질러지고, 흩어지며, 기름 뜬 살의가 흐르는 가운데 불길한 꿈이 타오르는 "세계"의 형상. 이 형상이 더욱 악몽과도 같이 느껴지는 것은 그것이 "어디서 시작되고 끝나는지"도 알 수 없는 가운데 명확한 인과마저 사라진 세계이기 때문이다. 이 세계의 타오름에는 한계가 없고, 그 불온함과 불길함은 멈출 길이 없다. 그렇기에 이 세계에서 '화해'란 근본적으로 거짓이다.

 이와 같은 추상적 현실 인식은 앞서 보았던 「너무 예쁜, 개같은」의 "고통의 견적 없음/그리움의 맥락 없음"의 이면이다. 견적도 맥락도 파악할 수 없다는 것은 한편 자신이 겪는 고통과 그리움의 부피를 증언하는 것이면서, 앞의 시에서와 같이 이 세계가 어떠한 구체성이나 인과가 결여된 파편화된 세계임을 증언하는 것이기 때문이다. 즉, 화자가 세계를 명확하고 구체적인 모습으로 파악하지 못하는 것은 화자의 문제가 아니다. 그것은 세계의 한계이며, 화자가 놓인 현실 그 자체의 특성이다. 구체성과 인과를 상실한 세계로부터 화자가 어떤 구체성이나 인과를 구축해낸다면 그것은 단지 환상에 불과하며, '거짓된 화해'에 지나지 않는다. 그러니 화자에게 있어 대상의 논리 대신 현상과 그에 따른 현상을 구현하는 일은 진실되게 세계를 담아내기 위한 분투이며, 이것이 『너무 예쁜, 개같은』의 산문시들에 깔린 화자의 정서이다.

 따라서 중요한 것은 화자의 논리가 아니다. 진실로 중요한 것은 이 한계로서의 세계 속에서 화자가 보여주는 태도 그 자체이다. 이 세계 속에서 화자는 자신이 경험한 타인에 대해 그를 판단할 능력을 지니고 있지 못하며, 그러한 능력을 추구하는 대신 다른 길을 택한다. 이와 같은 화자의 선택은 "언니"라는 대상이 시집의 전반에 걸쳐 출현하는 양상을 통해 가늠할 수 있다. 가령 「여름 아이」와 같은 시에서 화자에게 있어 언니란 상실한 대상으로써 슬픔을 촉발하는 정서적 대상으로 존재한다. 반면 「티티 타」와 같은 시에서 나타나는 언니의 모습은 다른 존재의 말을 하는, 자신이 결코 제어할 수 없는 존재이다. 이러한 언니의 모습은 「장산범」에 이르러 이 시적 세계의 모든 질서와 일관성에 구멍을 내는 푼크툼(Punctum)과 같은 모습으로 자리매김한다. 이와 같은 언니의 변천에 있어 화자가 택하는 자세란 그를 걱정하며 말리는 것으로부터 이것이 그녀의 방식임을 인정하며 그러한 '언니'의 모습을 두 눈에 얼룩처럼 새기는 것이다. 이와 같은 태도를 화자는 「버전(version)」과 같은 시에서 다음과 같이 설명한다.

버려진 삶들이 함부로 인용될 때
오래도록 방치한 격통이 시작되죠
물살은 극점을 잃고 하나의 몸이 닫힙니다

당신은 당신을 가늠할 수 없습니다
앓았던 생들만이 노래가 될 수 있죠
당신은 또 다른 버전의 당신이 되었습니다

-「버전(version)」 부분

"버려진 삶"을 "함부로 인용"할 때 "오래도록 방치한 격통"을 느끼는 화자에게 이와 같은 격통은 앞서 설명한 것과 같이 대상을 보다 포괄적으로 감각할 수 있도록 만드는 마음의 능력이기도 하다. 그는 그렇기에 "가늠할 수 없"는 대상을 함부로 책정하고 판단하는 대신 그에 대한 또 다른 버전의 노래를 부른다. 그렇기에 '언니'는 하나의 기표이면서 위에 설명한 여러 편의 시에서와 같이 각기 다른 모습으로 출몰하며 '나'의 눈에 새겨진다. 「고고와 함께한 저녁」 역시, 이와 같은 타자에 대한 화자의 태도의 연장선상에서 해석될 수 있을 것이다.

고고는 노래를 부르지 않는다
고고는 모험을 좋아하지 않는다

고고는 고고일 뿐인 기분으로 그렇게

서 있다, 양식된다, 불가능한 표현처럼, 추상적인 비유처럼, 내던져진 희망처럼, 구르다 깨지고 만 자정의 달걀처럼, 고고가, 고고를 엿본다, 성찰된다, 고고는 고고만의 문제가 있다, 어지럽다, 수채통에서 버텨낸 싹을 발견한 기쁨으로, 구석을 연명하는 홀씨를 짓밟는 마음으로, 고고는 고고를 잊기로 한다, 메트로놈 박자에 맞춰서, 노을을 기억한다, 황혼을 정의한다, 고고는 정의롭다, 옳고 그르다, 고고는 고고로서 필사적이다, 하늘의 별들이 인공위성이라 의심하는 버릇으로, 실패한다, 한겨울의 기분으로, 푸르게, 은빛으로, 날카롭게, 수확된다, 시력이 나빠지는 학자처럼, 아침을 거르는 수험생처럼, 삶의 좋고 나쁨을, 기피한다, 여지없이, 이해받길 거부한다, 뒤안길에서 더러운 고양이를 마주친 애틋함으로, 가볍게, 관대하게, 세계를 이해한다, 고고가 자신의 발등을 내려다본다, 발등이 어째서 날개가 아닌지, 고민하지 않는다, 고민하지 않음을 고민하고, 고민으로써 존재하길, 부정한다, 소외된다, 고고는 고민이 아니고, 고고는 가면이 아니고, 고고는 고도가 아니고, 형이상학이 아니다, 고고는 사랑이 아니고, 사랑이 종교가 아니듯이, 고고는 절망도 아니다, 단지, 하나로 해석되고, 수없이 표절당한다, 단지, 그렇게, 고고 외에는 아무것도 아닌 고고는, 어느 날, 문득, 당도한 해질녘, 이후로, 단지, 그렇게, 노래를 부

르지 않고, 단지, 그렇게, 모험을 좋아하지 않고

고고는 고고일 뿐인 저녁 속에 그렇게
  　　　　　　　－「고고와 함께한 저녁」 전문

위의 시에서 화자는 '고고'라는 존재에 대해 말한다. 하지만 이 모든 진술들은 결코 "A는 B이다"나 그에 상응하는 은유적 질서를 따르지 않는다. 외려 여기에서 무수히 출현하는 문장의 구조는 "고고는 X가 아니다"라는 형태이다. 거듭되는 부정문의 방식 속에서 유일하게 그를 정의 내리는 것이 있다면 "고고는 정의롭다, 옳고 그르다, 고고는 고고로서 필사적이다"라는 문장뿐이다. 그는 단지 그로서 최선을 다할 뿐이며, 화자는 그런 "고고"에 대해 무수히 많은 동사들을 통해 표현해볼 따름이다. 이와 같은 부정적 방식의 형상화는 대상에 대한 어떠한 정의도 내리지 않는 까닭에 우리로 하여금 "고고"라는 존재란 과연 무엇인가라는 의문을 품게 만든다. 이러한 의문에 대해 시인이 택하는 방식이란 그 의문을 해소시키는 대신 "고고"라는 존재의 고유성을 지키는 것이다. 부정적 서술과 행위에 대한 서술은 비록 우리의 궁금증을 해소시켜 주지는 않지만, 적어도 "고고"라는 존재를 언어가 사물을 살해하는 방식으로부터 지켜줄 수는 있는 것이다.

불길함과 불온함에 잠식된 현실 속에서 화자가 타인에 대해 보이는 이와 같은 태도를 우리는 다음과 같이 정리해 볼 수도 있을 것이다. 한없이 유해한 세계 속에서, 한없이 무해하기를 소망하는 마음이라고 말이다. 중요한 것은 이때의 '무해함'을 바라는 마음이, 대상과의 관계 자체를 부정하는 것이 아니라, 대상에 대한 스스로의 문답을 몸의 통증으로 견디면서 나아가는 마음이라는 점이겠다. 예컨대 그는 "너무 많은 질문을" 스스로에게 던지며, "너무 많은 답들을 견디"며 자신의 마음을 소진한다. 그러나 이 소진된 마음이 단지 소진될 뿐에 머물지 않는 것은 그러한 과정으로부터 대상이 부풀어 올라 세계를 물들여가기 때문이다.

> 한낮에 너무 많은 질문을 써버렸다
> 아몬드 나무는 현자처럼 서 있고
> 여름의 아몬드 꽃은 흔들리고 시들 운명
>
> 다음 생을 준비할 여유가 없는데
> 두려워서 침을 뱉는 마음으로 걷는다
> 한밤의 아몬드 나무는 찬란한 꿈의 나머지
>
> 한밤에 너무 많은 답들을 견디었다
> 울어도 생은 한번 웃어도 생은 한번

그러니 묻지 않겠다 어째서 꽃 피었는가
           　　　　　　　　　－「아몬드 나무」 전문

 물론 화자는 때로 "두려워서 침을 뱉는 마음으로" 걷기
도 하며, 자신의 고통과 그리움을 예각화 시키기 위해 무
수한 경로를 거쳐 말의 꽃을 피워내기도 한다. 그렇게 화
자의 몸은 고통과 그리움으로 인해 열고 닫히기를 반복하
면서 질문과 자신의 응답을 견뎌낸다. 하지만 화자는 그러
한 답을 섣불리 발설하는 것이 결코 정답이 아님을 알고
있다. 그것은 단지 화자의 존재론적 연약함이 불러일으키
는 착각이면서, 동시에 그러한 연약함을 인지하고 있기에
견뎌낼 수 있는 과정이다.

　수수밭 흔들리고 새들이 떨어져요
　당신이 낙관한 물살이 범람합니다
　노래는 수심을 가지고 하나의 몸이 열리죠

　그토록 당신은 떠오르고 잊혀집니다
　수압이 상승하고 노래가 반복돼요
　영원히 돌아갈 곳은 붉고 붉은 수수밭
　　　　　　　　　　　　　－「버전(version)」 부분

 그러니 화자에게 있어 초월은 아직 앞에 있지 않다. 화

자는 다시금 "당신"에 대해 노래 부르며, 노래가 지닌 수심에 휩쓸린다. 그럼에도 불구하고 화자는 다시금 자신이 서 있던 "붉고 붉은 수수밭"으로 돌아와 노래를 반복한다. 영원히 반복되는 슬픔의 원환 속에서, 화자가 견디고 쓰다듬는 것은 내가 "당신"을 온전하게 파악할 수 없다는 사실, 그러한 세계의 한계이며 자신의 한계이다. 그러한 한계선의 의미로서의 "수수밭"에서 화자는 "당신"을 생각한다. 비록 그것이 하나의 온전한 형체를 갖추지 않았더라도, 이것이 단지 나머지에 지나지 않는다는 마음으로 그는 견뎌 나간다. "당신과 나 사이에" 놓인 사막을 함부로 메우지 않으려는 자세로.

당신과 나 사이에 사막이 있습니다
하얀 밤은 아름다운 거인을 깨우고
백야에 눈먼 새들이
폭설을 몰고 옵니다

당신의 여정은 어디에 가닿을까요
밤과 낮의 알갱이들이 천연으로 일어나
노래를 잉태하는 곳
파문의 시작입니다

―「유배」부분

소중한 사람들은 모두 떠나갔고, 바라던 꿈은 얼룩으로 남아 안구에 새겨졌다. 모든 기다림이 의미를 잃어버린 시간, 우리는 밤이 되어버린 숲에 남겨져 있다. 저 너머 밤의 나무들 사이로 사라진 사람들의 모습이 일렁일 때, 우리는 밝은 빛을 피워 그것을 명징하게 바라보고픈 충동에 휩싸인다. 하지만 그렇게 불을 피워 모든 어둠을 걷어낼 때, 밤이 되어버린 숲 또한 어둠과 함께 사라지고 만다. 언어 또한 마찬가지일 것이다. 우리가 보다 명확하게 대상을 설명하려 할수록, 외려 사라져버리는 순간과 감각이 있다. 부재하는, 상실한 대상을 파악하고자 할 때, 우리에게 필요한 것은 단지 그것을 명징하게 해명하고자 하는 의지만이 아닌 것이다. 어쩌면 우리에게 진정으로 필요한 것은 그 어둠을, 그 푸르스름함을, 그 불확실함과 불투명함을 견뎌낼 수 있는 마음이 필요한 것이 아닐까. 내가 "당신"을 온전히 알지 못한다는 나의 한계를 온몸으로 받아들이는 마음 말이다. 최보윤의 시집이 우리에게 전하는 진리란 이런 것이다. 때로 크게 뜬 눈으로도, 우리는 아무것도 보지 못한다. 그러니 흐린 눈으로 보이는 것이 있다면, 그것만은 진실이라고. 어쩌면 바로 그 실루엣이 우리가 지나친 사랑의 형상일지도 모른다고.

시인수첩 시인선 051
너무 예쁜, 개같은

ⓒ 최보윤, 2023

초판 1쇄 발행 2021년 11월 3일
초판 3쇄 발행 2023년 5월 4일

지은이 | 최보윤
발행인 | 이인철

펴낸곳 | (주)여우난골
주　소 | 서울특별시 강남구 언주로30길 27. 606호 (도곡동 우성리빙텔)
전　화 | 02-572-9898
팩　스 | 0504-981-9898
등　록 | 2020년 11월 19일 제2020-000328호

블로그 | blog.naver.com/seenote
이메일 | seenote@naver.com

ISBN 979-11-973577-9-4 03810

이 시집은 〈2022년 문학나눔 도서보급사업〉에 선정되었습니다.

* 파본은 구매처에서 바꾸어 드립니다.